MEMOIRE INSTRUCTIF

Au ſujet du nouveau Reglement ordonné par Sa Majeſté, de l'avis de S. A. R. le 6. Avril 1718.

Du 20 Avril 1718

LEs Sommes conſiderables que l'on a eſté obligé de lever, pour ſatisfaire au payement des Dêpenſes des Armées dans les differentes Guerres que le feu Roy a eſté obligé de ſoûtenir pendant le cours de ſon Regne, ont donné lieu de croire qu'il s'y eſtoit introduit des abus, & des nouveautez également prejudiciables au Roy, à ſes Troupes & à ſes Peuples; Et c'eſt ce qui a determiné S. A. R. à examiner avec ſoin toutes les differentes natures de Dêpenſes de la Guerre, afin d'approfondir les cauſes de leur augmentation, de les reduire dans leur juſte proportion, & de détruire les abus auſquels une longue continuité de Guerre n'a pas donné le temps de remedier.

On a reconnu par le détail dans lequel on eſt entré, que le parti que l'on a pris dans les deux dernieres Guerres, de mettre ſur pied des Armées conſiderables, afin de ſurpaſſer les Ennemis en nombre d'hommes, bien loin d'eſtre auſſi avantageux qu'on ſe l'eſtoit promis, a eſté tres préjudiciable à l'Eſtat ; Parceque voulant avoir dans ce Royaume, autant & plus de Troupes que toutes les Puiſſances liguées contre luy en pouvoient lever, il n'eſtoit pas poſſible de leur faire un bon Traitement, ni de trouver un nombre ſuffiſant de bons Officiers & de Soldats; Ces Armées ſi nombreuſes demandant de nouveaux fonds pour leur ſubſiſtance & entretien, pour les Vivres, Fourrages & autres differentes Dêpenſes qui les accompagnent, on eſtoit obligé de lever ſur les Peuples des impoſitions extraordinaires. Ces Impoſitions, quoyque conſiderables, n'ont cependant pas eſté ſuffiſantes pour le payement de la moitié des Dêpenſes de la Guerre, Et pour y ſuppléer, on a introduit toute ſorte de papiers. De là, la perte des Troupes par la modicité de leur ſolde, par le deffaut d'Entretien, par les mauvaiſes fournitures de Vivres, par les maladies qu'elles cauſoient, par les deſordres des Hôpitaux, par la miſere meſme des Officiers, qui ne leur permettoit pas de ſecourir leurs Soldats, & par leur deſertion frequente, trouvant un Traitement qui leur paroiſſoit meilleur & plus aſſeûré, en paſſant au ſervice des ennemis; Enſorte que les Armées ont eſté plus détruites par le manque de paye, par la deſertion & la mauvaiſe nourriture, que par les ennemis même, Et il eſt certain qu'un nombre de Troupes bien payées, nourries & entretenuës, eût formé un Corps plus redoutable à l'ennemi, plus utile & moins à charge à l'Eſtat.

Une partie de ces raiſons determinerent avec regret S. A. R. dés le commencement de la Regence, à diminuer le nombre des Troupes, & en conſerver encore moins que l'on n'avoit fait à toutes les Paix precedentes, afin d'operer en meſme temps la diminution des Impoſitions qui ſe levoient ſur les Sujets du Roy.

Ayant trouvé d'ailleurs l'Eſtat de la Guerre chargé de 4700000. livres de paye d'Officiers Reformez, on fut obligé de prendre le parti de les laiſſer aller chez eux, au lieu de les garder à leurs Regimens, en attendant qu'on puſt les faire rejoindre; Et comme ils ſubſiſtoient dans leurs familles avec moins de Dêpenſe, leurs Appointemens furent reduits de moitié, à la reſerve des Officiers qui n'avoient point de domicile, & qui resterent à la suite des Regimens.

Cette dêpense extraordinaire de paye d'Officiers Reformez provenoit, tant du grand nombre de Regimens nouveaux qui avoient esté mis sur pied au commencement de la Guerre, que de la quantité de Compagnies, dont les Bataillons & les Escadrons estoient composez, & de plusieurs Compagnies detachées.

Et comme le seul temps de la Paix peut donner lieu à restablir dans un Estat l'ordre & la regle, Et que d'ailleurs l'on ne peut trop favoriser ceux qui prennent le parti des Armes, ni donner trop d'attention à une profession, dont dépend la conservation de toutes les autres; S. A. R. animée par l'attachement qu'Elle a toûjours eû pour les Troupes, s'est determinée à faire fixer par Sa Majesté le nombre de celles qui sont necessaires à son service, Et de mettre un arrangement certain dans chaque Dêpense, afin de rendre l'estat des Officiers fixe & asseûré, de regler à la Noblesse qui sert dans les Armées du Roy des Appointemens suffisans en tout temps pour se soûtenir avec honneur dans le Service, & de détruire la desertion, en donnant aux Troupes, tant pour leur subsistance que pour leur entretien, une solde du moins égale à celle des Estats voisins de ce Royaume.

Et par la comparaison qui a esté faite de ce qu'il en coustoit, à ce qu'il en coustera, on a reconnu que Sa Majesté feroit tous ces arrangemens en temps de Paix, sans augmenter le fonds destiné aux Dêpenses & à l'Entretien de ses Troupes; Et en temps de Guerre, avec une diminution de plus d'un tiers sur la totalité des Dêpenses, En assûrant aux Sujets du Roy un avantage considerable par la diminution des sommes qu'on leve ordinairement sur eux, pour le payement des Dépenses de la Guerre.

Pour donner une connoissance bien certaine de l'Utilité des arrangemens que Sa Majesté s'est determinée de faire, il est necessaire d'entrer dans le detail de ce qui se pratiquoit.

Jamais les Armées du Roy n'ont esté composées d'un plus grand nombre de Bataillons & d'Escadrons que pendant la derniere Guerre, & par consequent ses Armées n'ont jamais esté plus estendües; Cependant les Bataillons & les Escadrons n'ont jamais esté composez de moins d'hommes & de chevaux; de maniere que lors que les Armées estoient en Bataille, plus elles avoient d'estendüe, Et moins les Bataillons & les Escadrons avoient de profondeur.

Avant la Paix de Nimegue, les Bataillons estoient composez de 850. hommes, & se mettoient en Bataille sur six de hauteur; les Escadrons de 180. & 200. Maistres, & se mettoient en Bataille sur 3. rangs.

Au commencement de la Guerre de 1688. les Bataillons estoient de 800. hommes, & resterent à ce nombre jusques en 1692. qu'ils furent reduits à 715. ils se mettoient en Bataille sur cinq de hauteur; les Escadrons de 150. & 160 Maistres, se mettoient en Bataille sur 3. rangs.

Dans la derniere Guerre, les Bataillons de Campagne estoient de 585. hommes, & furent mis en 1710. à 650. Ils se mettoient en Bataille sur quatre de hauteur; les Escadrons de 140. Maistres se mettoient en Bataille sur trois rangs.

Et comme les Troupes du Roy pendant la derniere Guerre ont toujours esté foibles, le plus grand nombre de l'Infanterie ne se mettoit en Bataille que sur trois, & la Cavalerie sur deux.

Cet ordre de Bataille a esté tres prejudiciable au service, Et par la maniere dont les augmentations se sont faites dans les Troupes, la plus grande partie n'a point esté de la qualité qu'elles estoient dans les Guerres precedentes, ni si complette.

Les frais de la levée & de la subsistance des nouvelles Troupes montoient à une Dêpense beaucoup plus forte qu'elle n'auroit dû estre.

Lorsque la levée des Regimens nouveaux fut ordonnée, on commença par leur donner des Quartiers d'assemblée, où l'on passoit les Compagnies complettes du jour que la permission de faire le Regiment avoit esté accordée, quoyque la plus grande partie de ces Regimens ait esté des années entieres à prendre une forme de Troupe, & que plusieurs même n'ayent jamais esté complets. Toutes ces levées ont esté faites aux dêpens de la vieille Infanterie, dont les Soldats ont deserté pour passer dans ces Regimens nouveaux, y estre faits Sergens, Caporaux, Anspessades & Grenadiers, & se procurer la haute paye.

Plusieurs Capitaines ont quitté leur Compagnie pour estre faits Lieutenans-Colonels ou Majors; Plusieurs Lieutenans aussi ont abandonné leurs Regimens pour prendre des Compagnies dans les nouveaux; ce qui non seulement a fait tort aux anciens Bataillons, mais a esté cause en mesme temps, que ces Officiers qui se seroient trouvez à la Paix en pied & à la teste de leurs Regimens, s'ils n'en estoient point sortis, sont aujourd'huy Reformez.

Ces veritez qui sont connües, ont determiné Sa Majesté à rappeller & à suivre ce qu'il y avoit de meilleur dans ce qui se pratiquoit autrefois.

Ainsi lorsqu'à l'occasion d'une Guerre, le Roy sera obligé d'augmenter le nombre de ses Troupes; Sa Majesté veut que cette augmentation se fasse par nombre d'hommes dans les Compagnies.

L'augmentation dans les Compagnies d'Infanterie se fera jusqu'à ce que le Bataillon soit composé de 800. hommes, afin qu'il soit toûjours en estat de se mettre en Bataille sur six de hauteur.

A l'égard de la repartition des hommes par Compagnie, on se reglera sur ce qui sera le plus utile pour le bien du service, le moins de Dépense pour le Roy, & sur ce qui rendra la condition des Capitaines meilleure.

Dans la Cavalerie & Dragons, l'augmentation se fera par nombre d'Hommes & de Chevaux dans les Compagnies, suivant le nombre que l'on voudra mettre sur pied, Et les Compagnies pourront estre augmentées jusqu'à 50. & 55.

Lorsque les Compagnies ne seront qu'à 35. ou à 40. les Escadrons seront composez de quatre Compagnies pour faire 160. Maistres; Et lorsque les Compagnies seront de 50. à 55. les Escadrons ne seront formez que de 3. Compagnies, afin que par ce nombre d'hommes les Escadrons puissent toûjours estre sur 3. rangs.

Cette maniere de faire des augmentations dans les Troupes, rendra l'estat de l'Officier fixe & certain, & ils n'auront plus aucune reforme à craindre à la paix, puisque l'augmentation & la diminution des Troupes, ne tomberont que sur le nombre des hommes.

On observera que si le Roy, aprés avoir porté ses Bataillons d'Infanterie à 800. hommes, avoit encore besoin d'une augmentation dans l'Infanterie, Sa Majesté ordonnera la levée d'un nombre de Regimens de Milice, ainsi qu'il s'est pratiqué à la Guerre de 1688. On mettra à la teste de ces Regimens & des Compagnies, des Officiers reformez qui sont dans les Provinces; Et comme ces Regimens ne partiront de chez eux qu'au Printemps, pour aller sur les Frontieres y relever les Troupes destinées pour les Armées, ces Regimens retourneront l'hyver chez eux, lorsque les Troupes de Campagne rentreront dans les Places. On évitera au surplus tous les inconveniens qui ont esté reconnus dans les dernieres Milices.

Il est certain que l'augmentation que l'on fera par nombre d'hommes dans les Compagnies est la meilleure de toutes, & celle qui coute le moins au Roy; Car il y auroit une difference de deux cinquiémes pour la subsistance, en faisant des Compagnies nouvelles, Et la solde d'un Regiment de Milice de 800. hommes, est de moitié moins forte que celle d'un pareil Bataillon de Campagne, Et d'un tiers moins que les Regimens nouveaux cy-devant destinez pour estre en Garnison. Il faut de plus observer que ces Regimens de Milice ne sont payez que pendant six mois.

A l'égard du nombre d'hommes & de Compagnies, dont Sa Majesté ordonne que les Regimens soient presentement composez, on connoîtra par soy-mesme l'utilité de cette disposition, Et plus on y fera de reflexions, plus on en sera convaincu.

C'est une erreur de croire qu'une Compagnie de 69. hommes soit à charge au Capitaine ; Il est vray qu'elle seroit difficile à lever & qu'elle couteroit beaucoup, si l'augmentation d'hommes se faisoit par une nouvelle levée; Mais par l'incorporation on donne à chaque Capitaine sa Compagnie complette, armée & habillée; à l'égard de l'entretien, l'augmentation de la solde du Soldat y pourvoit suffisamment.

Le nombre des Compagnies estant diminué, les Recrües se feront avec plus de facilité & moins de frais que par le passé, Et les Officiers ne seront point obligez d'user de force ni de surprise : L'augmentation de solde empeschera le Soldat de deserter, Et comme les Troupes seront moins sujettes aux maladies, dés qu'elles auront une subsistance plus forte & meilleure, on peut reduire par estimation le nombre des Recrües à la moitié de ce qu'il en falloit cy-devant; Et quoyque les Compagnies à 69. hommes paroissent demander plus de Recrües, cette premiere idée se détruit en examinant qu'il n'y aura pas plus d'hommes dans le Bataillon, que lorsque les Compagnies estoient à 40. mais seulement 9 Compagnies, au lieu de 15.

D'ailleurs le nombre de Factionnaires que l'on augmente par le nouvel arrangement, diminüe beaucoup la fatigue du Soldat, Et la liberté que l'on accorde de prendre 10. Estrangers pendant la Paix, & 20. pendant la Guerre par Compagnie, sans que les Regimens Estrangers soient en droit de les reprendre, apportera beaucoup de facilité pour les Recrües.

Toutes

Toutes ces raiſons font connoiſtre l'utilité de cet arrangement, Et l'on peut y joindre l'experience que l'on a, que de deux Bataillons compoſez d'un meſme nombre d'hommes, celuy dont les Compagnies eſtoient de 100. hommes, eſt toûjours ſorti plus fort de Campagne, & s'eſt mieux ſoutenu qu'un autre compoſé de Compagnies de 40. à 50. Il faut auſſi convenir que plus le grade de Capitaine ſera rare, plus il ſera recherché, plus il ſera facile de ſe ſervir d'Officiers diſtinguez, & de leur accorder des recompenſes proportionnées à leur merite & à leurs ſervices; Que Sa Majeſté pourra en cas d'accidens extraordinaires de Sieges & de Batailles, donner des ſecours plus prompts & plus effectifs à un petit nombre de Capitaines chargez de Compagnies, qu'à un plus grand nombre.

Ainſi l'Officier ſe trouvant intereſſé par ſa propre utilité, & par ſon honneur, Et luy procurant par le bon traitement qu'on luy fait, les moyens neceſſaires d'avoir une belle & bonne Troupe, il y a lieu de croire que les Compagnies ſeront telles qu'on les peut deſirer.

D'ailleurs l'avantage pour l'Officier, de n'avoir plus que 5. Reveües au lieu de 12. la facilité de pouvoir travailler entre 2. Reveües, l'agrément de faire ſervir la Reveüe de Janvier pour Novembre & Decembre, Et celle d'Avril pour Fevrier & Mars, feront trouver aux Compagnies foibles un fonds conſiderable pour ſe Recruter.

Et les Retenües qui ſe feront preſentement, revenant à l'Officier, luy donneront moyen de reſtablir ſa Troupe s'il ſe charge de la remettre, ou bien celuy à qui on la donnera, trouvera toûjours une ſomme conſiderable, & plus que ſuffiſante pour la reſtablir.

Il eſt à propos de remarquer auſſi que la Ration de Pain de 24. onces poids de Marc, que l'on donnoit aux Troupes, n'ayant pas paru ſuffiſante, Sa Majeſté veut qu'à l'avenir, ſoit dans les Armées, Camps, Garniſons, ou en Route, la Ration ſoit toûjours de 28. onces poids de Marc, afin que la Ration ſoit égale à celle qui ſe diſtribüe aux Troupes des Eſtats voiſins de ce Royaume; Et on apportera toute l'attention neceſſaire pour que le Pain ſoit du poids cy-deſſus & de la meilleure qualité.

On connoiſtra par les Ordonnances du Roy jointes à ce Memoire, & par celles qui ſeront inceſſamment expediées, les Intentions de Sa Majeſté par rapport au nombre d'hommes, & de Compagnies dont Elle veut que les Regimens de Cavalerie, d'Infanterie & de Dragons ſoient preſentement compoſez, & quelle eſt l'augmentation de ſolde qu'Elle leur accorde.

On rend auſſi ſenſibles les raiſons qui ont determiné à ſupprimer les Etapes, & le Logement perſonnel des gens de Guerre, dans les Provinces & Generalitez où Sa Majeſté eſtoit chargée de la Dêpenſe des Etapes. Ces Ordonnances inſtruiſent du Reglement que le Roy a jugé à propos de faire pour la ſubſiſtance, le logement, la diſcipline & l'augmentation de ſolde des Troupes, en Route dans leſdites Generalitez & Provinces, ce qu'il accorde aux Officiers pour la conduite des Recrües, & pour leur tenir lieu d'Uſtanciles, de Fourrages & de Quartiers d'hyver; On ſera auſſi informé de ſon intention au ſujet des Officiers abſents par Semeſtre ou par Congé, qu'Elle veut qui ſoient payez ſans avoir beſoin de Reliefs.

Mais comme toutes les raiſons, qui donnent lieu à ces nouveaux arrangemens, n'ont pû & ne peuvent entrer dans le Corps des Ordonnances, Et qu'elles deviendroient trop estendües, si l'on y marquoit tous les inconveniens & malversations auxquelles on veut remedier, il paroit convenable de les expliquer, afin que par la connoissance qu'on en prendra, on sente de plus en plus le bon Traitement que l'on procure aux Troupes, les Utilitez de ce que l'on ordonne, & la diminution effective & considerable dans la Dêpense, en dêtruisant les abus qui s'y estoient introduits.

Quoyque le fonds destiné à la subsistance des Troupes fût toûjours le mesme en Paix comme en Guerre, en Garnison comme en Campagne, néanmoins par un autre arrangement, on avoit estabi beaucoup d'inegalité & de variation dans la distribution de ce fonds pendant la Campagne.

Le Capitaine de Cavalerie qui avoit cent sols par jour en Garnison, n'avoit plus que 18. sols en Campagne, & 6. Rations de Pain; les Subalternes à proportion.

Dans l'Infanterie, le Capitaine qui devoit recevoir 50. sols par jour en Garnison, n'en avoit que 6. en Campagne & 6. Rations de Pain; le Lieutenant 4. sols & le Sous-Lieutenant 3. sols.

Les hautes payes des Cavaliers & Soldats estoient pareillement reduites.

La Maison du Roy & la Gendarmerie souffroient aussi des diminutions.

Cette distribution inegale qui se faisoit de la solde, estoit certainement tres contraire au bien des Troupes & aux interests de l'Estat; parce que le retranchement leur estoit fait dans le temps où Sa Majesté avoit le plus de besoin de leur Service, & où il estoit le plus necessaire de leur faciliter la subsistance ; Et c'est ce qui a esté cause que les Troupes deperissoient dés les premiers mois de Campagne, & se trouvoient encore plus diminuées sur la fin ; Que mesme plusieurs Officiers Subalternes estoient obligez de quitter par l'impossibilité de subsister.

Par l'Examen des Comptes des Etapes, Sa Majesté a reconnu combien cette Dêpense est à charge au Roy, contraire à l'avantage de ses Peuples, nullement necessaire à ses Troupes, & sujette à une infinité de malversations.

Il se distribuoit durant la Guerre pour les Recrües de la Cavalerie, de l'Infanterie & des Dragons, seize à dix-sept mille Routes par année.

L'on trouve dans les Comptes des Etapes, les Regimens employez pour complets presque par tout, quand bien mesme ils n'auroient reçeû l'Etape que pour les presens & effectifs.

Toutes les Routes pour les Recrües sont de mesme; Et séparement des veritables, il s'en est trouvé de fausses pour des sommes considerables; Dans un seul departement, il en a esté reconnu pour trois Millions pendant les années 1712, 1713, & 1714. sans celles qui avoient esté faites les années precedentes, & dont les Comptes avoient cependant esté arrestez.

La pluspart des Entrepreneurs des Etapes ont dechiré les veritables acquits, & en ont substitué d'autres en leur place, avec d'autant plus de facilité, que les Reçeûs des Etapes estant signez par toutes sortes de personnes, on n'avoit aucune connoiſſance des veritables ſignatures.

De plus les Comptes des Etapes eſtant arreſtez aux Bureaux des Finances, dont les Officiers n'avoient aucune connoiſſance des Troupes, ni d'autres preuves à demander aux Etapiers de leurs fournitures, que les acquits qu'ils leur produiſoient, les doubles employs eſtoient tres difficiles à reconnoître, parce que le Compte de la ſolde des Troupes eſtant entierement ſeparé de celuy des Etapes, il ne pouvoit pas ſervir de piece de comparaiſon. On a veû les Entrepreneurs Generaux des Etapes, les Sousfermer dans la pluſpart des Generalitez, à un tiers & moitié de profit; Et loin de faire des avances à leurs ſous-Etapiers, beaucoup ne les ont payez que dans les plus mauvais Effets qu'ils ont reçeûs du Roy, pluſieurs meſme ſous differens pretextes, ont obtenu des indemnitez, ſans en tenir Compte à leurs ſous-Etapiers.

Tous ces abus ont eſté tres prejudiciables au Roy, ont coûté des Sommes & des impoſitions conſiderables à ſes Peuples, & il eſtoit neceſſaire d'y remedier.

Durant les deux dernieres Guerres, il y avoit chaque année 180. & 200. Eſcadrons, & quelquefois plus, qui avoient des quartiers d'Hyver.

La Cavalerie eſtoit obligée à la fin des Campagnes d'aller chercher l'argent de ſon Quartier d'Hyver dans les Provinces éloignées des Frontieres où elle eſtoit logée, & elle paſſoit une partie de l'Hyver en Route, ſoit pour y aller ou pour en revenir à l'entrée des campagnes; Et ces longues Routes eſtoient doublement à charge au Roy & à ſes Peuples, par la dêpenſe des Etapes, & en meſme temps tres fatigantes pour les Troupes.

La repartition des Troupes dans les Generalitez pour les Quartiers d'Hyver, ne se faisoit cependant pas avec égalité, par rapport aux moyens de chaque Generalité, les Troupes n'y estoient point envoyées chacune à leur tour, le Traitement que l'on leur faisoit trouver estoit different, la levée des deniers arbitraire, & la distribution sans regle.

Et quoyque le Quartier d'Hyver ait toûjours esté tres à charge aux Sujets du Roy, on n'y a cependant jamais fait aucune attention.

Ces Reflexions determinerent Sa Majesté dans l'année 1716. de faire examiner, avant que d'envoyer le tiers de la Cavalerie dans les Generalitez pour y prendre le Quartier d'Hyver, si par la consommation que les Troupes y feroient, les habitans pourroient estre dédommagez d'une partie de l'imposition en argent que l'on leveroit sur eux pour donner à la Cavalerie; Mais ayant comparé le prix des Fourrages dans les Generalitez, avec celuy des Frontieres, on trouva que par la cherté dont estoient les Fourrages cette année là, la plus valüe sur le prix de la Ration, au de-là de celuy des Frontieres eût monté à 900000. livres, Et que cette somme eût esté en pure perte pour les Peuples, sans que les Troupes en retirassent aucun profit; ce qui auroit encore mis les denrées hors de prix dans ces mesmes Generalitez.

On trouva aussi que l'Etape pour la Route de cette Cavalerie, sa paye deduite, auroit monté à 300000. livres, Et c'est ce qui determina à les laisser cette année là sur les Frontieres, & à ne les envoyer que l'année suivante dans les Provinces où les Fourrages estoient abondants, & en obligeant les Troupes d'y payer tout de gré à gré comme dans les Places de Guerre.

La diſſipation qu'il y a eu dans la fourniture des Fourrages eſt exceſſive, Et les abus ſont difficiles à verifier à cauſe de la diverſité des Comptes qui ſe rendoient dans chaque Departement.

Ces Comptes aprés y avoir eſté arreſtez, n'ont pas meſme eſté rapportez & verifiez les uns avec les autres, pour y reconnoiſtre les doubles employs.

En examinant les Comptes des Vivres pour les Armées, on a reconnu que la maniere dont on faiſoit le marché avec les Munitionnaires, eſtoit également contraire aux intereſts du Roy & à ceux de ſes Troupes.

L'uſage eſtoit de convenir avec les Munitionnaires, de la quantité de ſacs de Grains qu'ils ſeroient obligez de remettre dans les Lieux & Magaſins qui leur eſtoient marquez ; Et lorſque l'on avoit reglé le prix du ſac, on convenoit enſuite de celuy de la façon & cuiſſon du Pain, Et joignant les deux enſemble, on eſtimoit la Ration à un prix.

Le projet que l'on formoit pour la conſommation des Vivres pendant la Campagne, ſe faiſant ſur la ſuppoſition des Troupes complettes, & d'une fourniture entiere des Officiers Generaux & Particuliers, procuroit un profit conſiderable aux Munitionnaires ſur les Places de Rachapt qu'ils rembourſoient à un prix fort inferieur à celuy de leur marché, ce qui cauſoit au Roy une Dèpenſe qui ne tournoit point au profit de ſes Troupes.

Comme le Pain fait une partie de la ſolde des Troupes, les Munitionnaires gagnoient ſur elles, non ſeulement la valeur de la manutention ſur les Rations qui leur eſtoient deües, mais mesme en les racheptant d'elles, ils profitoient encore sur le prix du bled.

Communément dans les Armées le Rachapt des Rations alloit au tiers & quelquefois plus de la consommation ordonnée; Et le prix de la manutention à un tiers & plus que celuy de la Ration.

De plus c'estoit sur le pied complet que l'on faisoit marché avec les Munitionnaires pour le nombre de Chevaux necessaires pour voiturer le Pain à l'Armée; Et comme la consommation estoit plus foible d'un tiers, par consequent la Dêpense des Chevaux estoit d'un tiers trop forte.

Souvent mesme les Munitionnaires ne les avoient pas, ou s'en servoient à d'autres usages pour leur propre utilité; Et quoyque le nombre des Chevaux ne dût leur estre payé que suivant les Reveües, ils en estoient pourtant payez complets pendant toute la Campagne.

La distribution que l'on faisoit faire depuis quelques années aux Troupes Françoises d'une demie livre de viande par jour à chaque Cavalier, Soldat & Dragon, Et dont la retenuë se faisoit sur leur paye, avoit paru d'abord un arrangement d'utilité pour eux; Mais soit que la viande leur fût livrée par estimation ou distribuée à la livre aux Compagnies, il s'en falloit toûjours beaucoup que le Soldat n'eût sa Ration ordonnée, lorsque les parts estoient faites à chaque Chambrée.

L'Experience mesme a fait connoistre que le Soldat preferoit le sol que l'on luy retenoit, à la viande qui luy estoit distribuée; Car dans la derniere Campagne des Sieges de

Landaw

Landaw & de Fribourg, on ne diſtribua point de viande, & les Troupes en furent très contentes.

D'ailleurs cette diſtribution coûte beaucoup au Roy, met ſouvent la rareté & la cherté des Beſtiaux dans differentes Provinces, Et l'on a pluſieurs fois abuſé des Paſſeports qui eſtoient donnez pour la conduite des Beſtiaux, en les faiſant paſſer chez les Ennemis.

Les Armes que le Roy faiſoit donner à ſon Infanterie pendant chaque année de la Guerre, eſtoient mauvaiſes & preſque auſſitoſt revendües à moitié de perte à l'Entrepreneur par l'Infanterie meſme, parceque la plus grande partie n'avoit pas beſoin de la quantité qui luy eſtoit diſtribuée.

C'eſt ce qui a déterminé Sa Majeſté à faire fournir des armes bien conditionnées, & à regler qu'il n'en ſera plus donné à l'Infanterie; Et ſon intention eſt que lorſque l'Inſpecteur fera la Reveüe à la fin de la Campagne, il marque la quantité d'armes qui ſera neceſſaire à chaque Compagnie & pour chaque Bataillon, afin qu'elle leur ſoit envoyée.

Les Hôpitaux dont l'Etabliſſement a beaucoup coûté, peuvent avoir leur utilité, Mais perſonne n'ignore la multiplicité des abus qui s'y eſtoient introduits, & qui ont fait monter les Dêpenſes infiniment au-delà de ce qu'elles devoient coûter. La bonne qualité du pain qui ſera fourni à l'avenir, du poids de 28. onces la Ration, avec l'augmentation de ſolde, mettront le Soldat en eſtat de ſe procurer une bonne nourriture, ce qui joint au ſecours que l'Officier pourra fournir à ſes Soldats, diminuëra infiniment le nombre des malades à l'Hôpital; Et l'on a l'Experience par le paſſé, que les Cavaliers, les Dragons & les Soldats de l'Infanterie Estrangere, qui pouvoient subsister de leur paye, évitoient l'Hôpital & avoient de la répugnance d'y entrer.

Il s'est trouvé beaucoup de desordre dans les marchez pour l'Habillement; Souvent toutes les Troupes se conformoient au Traité passé par un Regiment, ce qui pouvoit avoir de grands inconveniens; Les Marchands abusant de la necessité fournissoient les Draps, Serges & autres marchandises de la plus mauvaise qualité; Et quelquefois aussi le peu d'exactitude dans le payement, & la perte qu'ils faisoient dans la negociation des Effets qu'ils recevoient des Troupes, dérangeoient entierement leur commerce; A l'avenir les Marchands seront regulierement payez & en especes; On aura aussi une grande attention qu'ils ne fournissent aucune Marchandise que de tres bonne qualité.

Le Soldat chargé de s'entretenir de Linge & de Souliers, n'aura plus aucun sujet de plainte contre son Officier.

L'Etablissement que Sa Majesté veut bien faire, en payant la Masse toûjours complette, sera d'un grand soulagement pour le Capitaine, sur les Appointemens duquel on estoit forcé de retenir, non-seulement pour les reparations de la Compagnie, mais même pour l'habillement, quand le fonds qui restoit à la Masse n'estoit pas suffisant.

Sa Majesté donnant des ordres pour que les Denrées necessaires à la subsistance des Troupes leur soient fournies pendant leur Route à un prix modique, l'Officier conduira les Recrües moyennant les Deux cens livres qui luy sont accordées, & les Quatre cens livres en temps de Guerre; Il pourra même profiter de cette somme, lorsqu'il trouvera les moyens de faire ses Recrües dans le voisinage des lieux où il sera en Garnison ou en Quartier.

L'objet principal que l'on s'est proposé, est de procurer à toutes les Troupes les mêmes facilitez qu'au Regiment des Gardes Françoises & à l'Infanterie Estrangere, lesquels ne sont pas contraints de prendre une quantité fixée de Fourrages, d'Armes ni d'autres fournitures; Mais qui ayant une paye certaine estoient en estat de prendre dans les Magasins du Roy, en payant, ce qui leur estoit necessaire. Par cet arrangement chaque nature de Dêpense estant connuë & réduite à une juste proportion, Evitant les abus presque inseparables des variations dans les Traitemens, Sa Majesté pourra destiner des fonds certains, afin que les Troupes soient toûjours regulierement payées, Et que les Comptes des Tresoriers puissent estre rendus avec plus de facilité & de diligence.

Dans une matiere aussi estenduë, qui renferme toutes les Dêpenses necessaires à la subsistance & à l'entretien des Troupes, il est impossible de prévoir tous les inconveniens: Et Sa Majesté sçaura gré à ceux qui pourront luy procurer quelques éclaircissemens, & contribuer à la perfection de l'arrangement qu'Elle s'est proposé pour restablir l'ordre & la regle. FAIT à Paris le vingtiéme jour d'Avril mil sept cens dix-huit. *Signé* PHILIPPE D'ORLEANS.

A PARIS, DE L'IMPRIMERIE ROYALE. 1718.

En Temps de Guerre.

Nouveau Tr

Regi

COLONEL de Regiment qui avoit Prevosté.
{ Appo Ca
Pour
Pour qua

COLONEL de Regiment qui n'avoit point de Prevosté.
{ Appo Ca
Pour qua

CAPITAINE de Compagnie ordinaire. Compagnie à 91.
{ Appo
Pour
Porti
Pour &

CAPITAINE en second de Grenadiers.
{ Appo
Pour

CAPITAINE en second d'une Compagnie ordinaire.
{ Appo
Pour

Premier LIEUTENANT de Grenadiers.
{ Appo
Pour

LIEUTENANT en second de Grenadiers.
{ Appo
Pour

Premier LIEUTENANT de Compagnie ordinaire.
{ Appo
Pour

LIEUTENANT en second de Compagnie ordinaire.
{ Appo
Pour

Appo

153. liv.

216. liv.

500. liv. { 320. liv. 180. liv.

500. liv. { 320. liv.

En Temps de Guerre.

INFANTERIE.

Nouveau Traitement des Troupes d'Infanterie Françoise, Reglé par S. A. R. le 6. Avril 1718.

		Par an.	Total.
COLONEL de Regiment qui avoit Prevosté.	Appointemens de Colonel, outre son Traitement de Capitaine	990. liv.	3400. liv.
	Pour tenir lieu de Prevosté	810. liv.	
	Pour tenir lieu de Fourrage, Ustancile & Pain, en ladite qualité de Colonel, outre son Traitement de Capitaine.	1600. liv.	
COLONEL de Regiment qui n'avoit point de Prevosté.	Appointemens de Colonel, outre son Traitement de Capitaine	990. liv.	2190. liv.
	Pour tenir lieu de Fourrage, Ustancile & pain, en ladite qualité de Colonel, outre son Traitement de Capitaine	1200. liv.	
LIEUTENANT-COLONEL.	Appointemens de Lieutenant Colonel, outre son Traitement de Capitaine	810. liv.	2260. liv.
	Pour tenir lieu de Fourrage, Ustancile & Pain, en ladite qualité de Lieutenant Colonel, outre son Traitement de Capitaine	1000. liv.	
	Pension	450. liv.	
	Ceux des Officiers qui auront des Pensions plus fortes continüeront d'en joüir.		
COMMANDANT de Bataillon.	Appointemens de Commandant de Bataillon, outre son Traitement de Capitaine	810. liv.	1810. liv.
	Pour tenir lieu de Fourrage, Ustancile & pain, en ladite qualité, outre son Traitement de Capitaine . . .	1000. liv.	
MAJOR.	Appointemens	1500. liv.	2600. liv.
	Pour tenir lieu de Fourrage, Ustancile & Pain . .	800. liv.	
	Pension	300. liv.	
AIDE-MAJOR.	Appointemens	810. liv.	1250. liv.
	Pour tenir lieu de Fourrage, Ustancile & Pain . . .	440. liv.	
CAPITAINE DE GRENADIERS. Compagnie à 50.	Appointemens	1800. liv.	3905. liv.
	Gratification à 50. hommes	405. liv.	
	Pour tenir lieu de Fourrage, Ustancile, Pain, Armes, & autres fournitures	1500. liv.	
	Pension	200. liv.	

		Par an.	Total.
CAPITAINE de Compagnie ordinaire. Compagnie à 91.	Appointemens	1734. liv.	4024. liv.
	Pour tenir lieu de Route aux Recrües	400. liv.	
	Portion de la Masse pour l'habillement des Recrües	390. liv.	
	Pour tenir lieu de Fourrage, Ustancile, Pain, Armes, & autres fournitures	1500. liv.	
CAPITAINE en second de Grenadiers.	Appointemens	900. liv.	1340. liv.
	Pour tenir lieu de Fourrage, Ustancile & Pain	440. liv.	
CAPITAINE en second d'une Compagnie ordinaire.	Appointemens	756. liv.	1196. liv.
	Pour tenir lieu de Fourrage, Ustancile & Pain	440. liv.	
Premier LIEUTENANT de Grenadiers.	Appointemens	630. liv.	980. liv.
	Pour tenir lieu de Fourrage, Ustancile & Pain	350. liv.	
LIEUTENANT en second de Grenadiers.	Appointemens	450. liv.	750. liv.
	Pour tenir lieu de Fourrage, Ustancile & Pain	300. liv.	
Premier LIEUTENANT de Compagnie ordinaire.	Appointemens	450. liv.	800. liv.
	Pour tenir lieu de Fourrage, Ustancile & Pain	350. liv.	
LIEUTENANT en second de Compagnie ordinaire.	Appointemens	360. liv.	660. liv.
	Pour tenir lieu de Fourage, Ustancile & Pain	300. liv.	
AUMOSNIER.	Appointemens	180. liv.	500. liv.
	Pour tenir lieu de Fourrage, Ustancile & Pain	320. liv.	
CHIRURGIEN.	Appointemens	180. liv.	500. liv.
	Pour tenir lieu de Fourrage, Ustancile & Pain	320. liv.	
SERGENT de Grenadiers.	à 12. sols par jour		216. liv
CAPORAL de Grenadiers.	à 8. sols 6. deniers par jour		153. li

	Par an.	Total.
ointemens	1734. liv.	4024. liv.
tenir lieu de Route aux Recrües	400. liv.	
on de la Maſſe pour l'habillement des Recrües . .	390. liv.	
tenir lieu de Fourrage, Uſtancile, Pain, Armes, autres fournitures	1500. liv.	
ointemens	900. liv.	1340. liv.
tenir lieu de Fourrage, Uſtancile & Pain . .	440. liv.	
ointemens	756. liv.	1196. liv.
tenir lieu de Fourrage, Uſtancile & Pain . .	440. liv.	
ointemens	630. liv.	980. liv.
tenir lieu de Fourrage, Uſtancile & Pain . .	350. liv.	
ointemens	450. liv.	750. liv.
tenir lieu de Fourrage, Uſtancile & Pain . .	300. liv.	
ointemens	450. liv.	800. liv.
tenir lieu de Fourrage, Uſtancile & Pain . .	350. liv.	
ointemens	360. liv.	660. liv.
tenir lieu de Fourage, Uſtancile & Pain . .	300. liv.	
ointemens	180. liv.	

ANSPESSADE de Grenadiers.	
GRENADIER.	
SERGENT de Compagnie ordinaire.	
CAPORAL de Compagnie ordinaire.	
ANSPESSADE de Compagnie ordinaire.	
SOLDAT.	

mes qu'à celle de May, E
le decompte des Appoint
des hommes effectifs dont
May, Et ce nonobstant l
de six en Septembre.

		Total.
ANSPESSADE de Grenadiers.	à 7. fols 6. deniers par jour	135. liv.
GRENADIER.	à 6. fols 6. deniers par jour	117. liv.
SERGENT de Compagnie ordinaire.	à 11. fols par jour	198. liv.
CAPORAL de Compagnie ordinaire.	à 7. fols 6. deniers par jour	135. liv.
ANSPESSADE de Compagnie ordinaire.	à 6. fols 6. deniers par jour	117. liv.
SOLDAT.	à 5. fols 6. deniers par jour	99. liv.

Outre la folde cy-deffus, il reftera en Maffe par an pour chaque Compagnie de Grenadiers 954. livres, Et pour chaque Compagnie ordinaire 1710. livres.

Le Capitaine touchera chaque année 390. livres du fonds de la Maffe pour l'habillement de fes Recrües.

Il luy fera donné 400. livres par an pour tenir lieu de Route aux Recrües. Au moyen de l'augmentation de paye, le Soldat s'entretiendra de linge, & de chauffure.

Les Capitaines des Compagnies qui fe trouveront plus fortes à la Reveüe du mois de Janvier, qu'aux Reveües des mois de Novembre & Decembre precedens, feront payez par forme de fuplement fur ladite Reveüe de Janvier, de ce qu'ils auroient dû recevoir, tant pour le payement des effectifs, que pour leurs appointemens, fi leurs Compagnies s'eftoient trouvées aux Reveües de ces deux mois de Novembre & Decembre, au mefme nombre d'hommes qu'elles fe trouveront en Janvier, Et pareil decompte leur fera fait fur la Reveüe de la fin du Semeftre, pour les mois de Fevrier & Mars precedens.

Il fera fait pendant la Campagne trois Reveües par les Commiffaires des Guerres, la premiere conjointement avec les Infpecteurs Generaux au mois de May, la feconde au mois de Juillet, & la troifiéme au mois de Septembre. Et le payement des Compagnies fera fait fur le pied des effectifs qui fe trouveront à chacune defdites Reveües. Elles feront payées pour les mois de May & Juin fur celle du mois de May, pour les mois de Juillet & Aouft fur celle de Juillet, Et pour les mois de Septembre & Octobre fur celle de Septembre.

Le decompte des Appointemens du Capitaine fera fait pour les mois de May & Juin, par rapport au nombre effectif dont fa Compagnie fe trouvera compofée à la Reveüe de May, Et lorfque fa Compagnie fe trouvera à la Reveüe de Juillet moins forte de trois hommes qu'à celle de May, Et à celle de Septembre moins forte de six, le decompte des Appointemens dudit Capitaine sera fait sur le pied des hommes effectifs dont sa Compagnie estoit composée au mois de May, Et ce nonobstant la diminution de trois hommes en Juillet & de six en Septembre.

:t à celle de Septembre moins forte de six,
emens dudit Capitaine sera fait sur le pied
sa Compagnie estoit composée au mois de
diminution de trois hommes en Juillet &

En Temps de Guer CAVALIER. à 7. sols pa

SERGENT.

CAPORAL. à 7. so

ANSPESSADE. à 6. so

SOLDAT. à 5. so

198. liv.

117. liv.

135. liv.

153. liv.

216. liv.

Par an.

Outre
pagnie d
ordinaire

Le C
pour l'ha

Il luy
crües.

Au n
& de cl

Les
veüe d
Decem
Reveüe
ment d
s'estoien
cembre
Et par
les mo

Porti

CAPITAINE en second de Grenadiers. — Appo

CAPITAINE en second de Compagnie ordinaire. — Appo

Premier LIEUTENANT de Grenadiers. — Appo

Second LIEUTENANT de Compag. de Grenadiers. — Appo

Premier LIEUTENANT de Compagnie ordinaire. — Appo

LIEUTENANT en second de Compag. ordinaire. — Appo

AUMOSNIER. — Appo

CHIRURGIEN. — Appo

En Temps de Paix.

INFANTERIE.

Nouveau Traitement des Troupes de l'Infanterie Françoise, Reglé par S. A. R. le 6. Avril 1718.

		Par an.	Total.
COLONEL dont le Regiment avoit Prevosté.	Appointemens, outre son Traitement de Capitaine . . .	990. liv.	1800. liv.
	Pour tenir lieu de Prevosté	810. liv.	
COLONEL dont le Regiment n'avoit point de Prevosté.	Appointemens, outre son Traitement de Capitaine . . .	. . .	990. liv.
LIEUTENANT-COLONEL.	Appointemens, outre son Traitement de Capitaine . . .	810. liv.	1260. liv.
	Pension	450. liv.	
	Ceux des Officiers qui auront des Pensions plus fortes continüeront d'en joüir.		
COMMANDANT de Bataillon.	Appointemens, outre son Traitement de Capitaine . . .	. . .	810. liv.
MAJOR.	Appointemens	1500. liv.	1800. liv.
	Pension	300. liv.	
AYDE-MAJOR.	Appointemens	. . .	810. liv.
CAPITAINE DE GRENADIERS, Compagnie à 50. hommes.	Appointemens	1800. liv.	2405. liv.
	Gratifications à 50. Grenadiers	405. liv.	
	Pension	200. liv.	
CAPITAINE de Compagnie, ordinaire à 69. hommes.	Appointemens	1734. liv.	2230. liv.
	Pour tenir lieu de Routes aux Recrües	200. liv.	
	Portion de la masse pour l'habillement des Recrües . .	296. liv.	
CAPITAINE en second de Grenadiers.	Appointemens	. . .	900. liv.
CAPITAINE en second de Compagnie ordinaire.	Appointemens	. . .	756. liv.
Premier LIEUTENANT de Grenadiers.	Appointemens	. . .	630. liv.
Second LIEUTENANT de Compag. de Grenadiers.	Appointemens	. . .	450. liv.
Premier LIEUTENANT de Compagnie ordinaire.	Appointemens	. . .	450. liv.
LIEUTENANT en second de Compag. ordinaire.	Appointemens	. . .	360. liv.
AUMOSNIER.	Appointemens	. . .	180. liv.
CHIRURGIEN.	Appointemens	. . .	180. liv.

		Par an.
SERGENT de Grenadiers.	à 12. sols par jour	216. liv.
CAPORAL de Grenadiers.	à 8. sols 6. deniers	153. liv.
ANSPESSADE de Grenadiers.	à 7. sols 6. deniers	135. liv.
GRENADIERS.	à 6. sols 6. deniers	117. liv.
Compagnie ordinaire		
SERGENT.	à 11. sols par jour	198. liv.
CAPORAL.	à 7. sols 6. deniers	135. liv.
ANSPESSADE.	à 6. sols 6. deniers	117. liv.
SOLDAT.	à 5. sols 6. deniers	99. liv.

Outre la solde cy-dessus, il reste en Masse par an pour chaque Compagnie de Grenadiers la somme de 954. liv. Et pour chaque Compagnie ordinaire 1296. livres.

Le Capitaine touchera chaque année 296. livres du fonds de la Masse pour l'habillement des Recrües.

Il luy sera donné 200. livres par an pour tenir lieu de Route aux Recrües.

Au moyen de l'augmentation de paye, le soldat s'entretiendra de linge & de chaussure.

Les Capitaines des Compagnies qui se trouveront plus fortes à la Reveüe du mois de Janvier, qu'aux Reveües des mois de Novembre & Decembre precedens, seront payez par forme de supplement sur ladite Reveüe de Janvier de ce qu'ils auroient dû recevoir, tant pour le payement des effectifs que pour leurs Appointemens, si leurs Compagnies s'estoient trouvées aux Reveües de ces deux mois de Novembre & Decembre, au mesme nombre d'hommes qu'elles se trouveront en Janvier, Et pareil decompte leur sera fait sur la Reveüe de la fin du Semestre, pour les mois de Fevrier & Mars precedens.

ɔls 6. deniers	135. liv.
ɔls 6. deniers	117. liv.
ɔls 6. deniers	99. liv.

: la folde cy-dessus, il reste en Masse par an pour chaque Com-
e Grenadiers la somme de 954. liv. Et pour chaque Compagnie
: 1296. livres.

apitaine touchera chaque année 296. livres du fonds de la Masse
ıbillement des Recrües.

sera donné 200. livres par an pour tenir lieu de Route aux Re-

ıoyen de l'augmentation de paye, le soldat s'entretiendra de linge
ıaussure.

Capitaines des Compagnies qui se trouveront plus fortes à la Re-
u mois de Janvier, qu'aux Reveües des mois de Novembre &
bre precedens, seront payez par forme de supplement sur ladite
de Janvier de ce qu'ils auroient dû recevoir, tant pour le paye-
es effectifs que pour leurs Appointemens, si leurs Compagnies
ıt trouvées aux Reveües de ces deux mois de Novembre & De-
, au mesme nombre d'hommes qu'elles se trouveront en Janvier,
il decompte leur sera fait sur la Reveüe de la fin du Semestre, pour
is de Fevrier & Mars precedens.

En Temps de Guer CAVALIER. à 7. sols pa

Nouveau Traitemen

Maist AIDE-MAJOR. Appointeme
Pour tenir li
cile & autr

MESTRE DE CAMP.

AUMOSNIER. Pour tout.

CHIRURGIEN. Pour tout

Outre la
pour chaque
qui monte p

Les Offici
Pensions qu'i

LIEUTENANT-COLONEL.

CAPITAINE en pied.

En Temps de Guerre.

CAVALERIE.

Nouveau Traitement des Troupes de la Cavalerie Françoise, Compagnie à 50. Maistres, Reglé par S. A. R. le 6. Avril 1718.

MESTRE DE CAMP.	Appointemens comme Capitaine	2160. liv.	10560. liv.
	Pour tenir lieu de Remonte, Fourrage, Ustancile, Quartier d'Hyver, Pain & autres Fournitures comme Capitaine.	6400. liv.	
		8560. liv.	
	Idem comme Mestre de Camp.	2000. liv.	
LIEUTENANT-COLONEL.	Appointemens comme Capitaine.	2160. liv.	10660. liv.
	Pour tenir lieu de Remonte, Fourrage, &c. . . .	6400. liv.	
		8560. liv.	
	Idem comme Lieutenant-Colonel	1500. liv.	
	Pension	600. liv.	
CAPITAINE en pied.	Appointemens	2160. liv.	8560. liv.
	Pour tenir lieu de Remonte, Fourrage, &c. . . .	6400. liv.	
CAPITAINE en second.	Appointemens	1080. liv.	1880. liv.
	Pour tenir lieu de Fourage, Ustancile, Quartier d'Hyver, Pain & autres Fournitures.	800. liv.	
Premier LIEUTENANT.	Appointemens	900. liv.	1500. liv.
	Pour tenir lieu de Fourrage, Quartier d'Hyver, &c. .	600. liv.	
LIEUTENANT en second.	Appointemens.	600. liv.	1100. liv.
	Pour tenir lieu de Fourrage, Quartier d'Hyver, &c. . .	500. liv.	
MARESCHAL DES LOGIS.	Appointemens.	504. liv	904. liv.
	Pour tenir lieu de Fourrage, Quartier d'Hyver, &c . .	400. liv	
BRIGADIER.	à 8. sols par jour		144. liv.

CAVALIER.	à 7. sols par jour		126. liv.
AIDE-MAJOR.	Appointemens.	1200. liv.	2000. liv.
	Pour tenir lieu de Fourrage, Quartier d'Hyver, Ustancile & autres Fournitures.	800. liv.	
AUMOSNIER.	Pour tout.		600. liv.
CHIRURGIEN.	Pour tout		600. liv.

Outre la solde cy-dessus, il restera en Masse par an pour chaque Compagnie la somme de 900. livres, ce qui monte pour un Regiment de huit Compagnies, à . . . . 7200. liv.

Les Officiers de Cavalerie continüeront de joüir des Pensions qu'ils ont.

r jour . . . . 126. liv.

ns. . . . . 1200. liv.

eu de Fourrage, Quartier d'Hyver, Uſtan- 2000. liv.

es Fournitures. . . . . 800. liv.

. . . . 600. liv.

. . . . 600. liv.

ſolde cy-deſſus, il reſtera en Maſſe par an Compagnie la ſomme de 900. livres, ce our un Regiment de huit Compagnies, à . . . . 7200. liv.

ers de Cavalerie continüeront de joüir des ls ont.

En Temps de Paix.

C

Nouveau Traitement des Trou

Maiſtres, Reglé

LIEUTENANT-COLONEL.	Penſion	.
CAPITAINE en pied.	Appointemens	
	Remonte	.
CAPITAINE en ſecond.	Appointemens	
Premier LIEUTENANT.	Appointemens	
LIEUTENANT en ſecond.	Appointemens	
MARESCHAL des Logis.	Appointemens	
BRIGADIER.	à 8. ſols par	
CAVALIER.	à 7. ſols	
AIDE-MAJOR.	Appointemen	

Outre la ſ
Compagnie l
ment de hu

Les Offici
qu'ils ont.

En Temps de Paix.

CAVALERIE.

Nouveau Traitement des Troupes de la Cavalerie Françoise, Compagnie à 25. Maistres, Reglé par S. A. R. le 6. Avril 1718.

LIEUTENANT-COLONEL.	Pension		600. liv.
CAPITAINE en pied.	Appointemens	2160. liv.	2810. liv.
	Remonte	650. liv.	
CAPITAINE en second.	Appointemens		1080. liv.
Premier LIEUTENANT.	Appointemens		900. liv.
LIEUTENANT en second.	Appointemens		600. liv.
MARESCHAL des Logis.	Appointemens		504. liv.
BRIGADIER.	à 8. sols par jour		144. liv.
CAVALIER.	à 7. sols		126. liv.
AIDE-MAJOR.	Appointemens		1200. liv.

Outre la solde cy-dessus, il reste en Masse par an pour chaque Compagnie la somme de 450. livres, ce qui monte pour un Regiment de huit Compagnies à . . . . 3600. liv.

Les Officiers de Cavalerie continüeront de joüir des Pensions qu'ils ont.

www.ingramcontent.com/pod-product-compliance
Ingram Content Group UK Ltd.
Pitfield, Milton Keynes, MK11 3LW, UK
UKHW020508180726
13839UKWH00004B/1971

9 782329 491875